찬불가 합창곡집

연꽃향기 네 번째 이야기

연꽃 나를 피우다

연꽃향기 篇

준커뮤니케이션즈

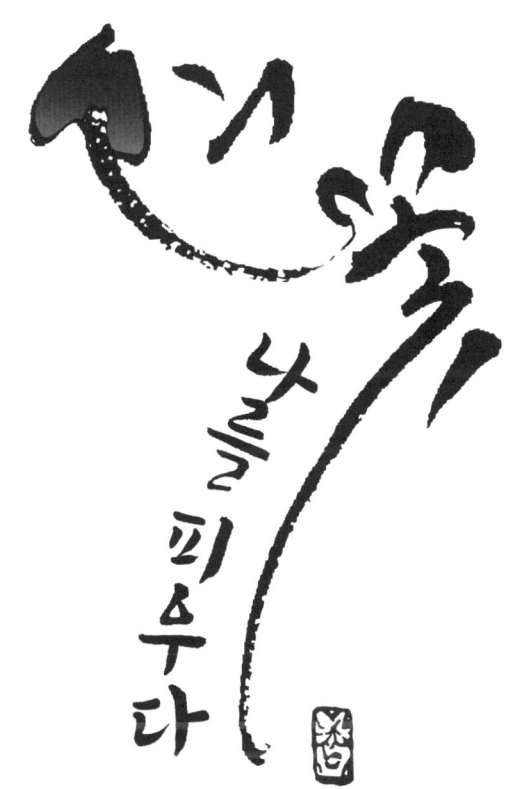

| 차례 |

불법승(佛法僧) 찬양노래 ······················· 산하 덕진스님 작사, 함현상 작곡 / 1

참회합니다 ······························· 대우스님 작사, 박수진 작곡 / 11

부처님 미소 ······························· 김보라 작사, 김보라 작곡 / 16

무상의 묘음 ······························· 권기택 작사, 고지영 작곡 / 20

왕자의 옷을 벗고 ····························· 고규태 작사, 강주현 작곡 / 23

마하반야 ······························· 반야심경 중에서, 이지훈 작곡 / 29

108산사 순례의 노래 ···························· 곽영석 작사, 함현상 작곡 / 37

관세음보살님 ······························· 대우스님 작사, 박수진 작곡 / 44

성불사 가는 길 ······························· 곽영석 작사, 강주현 작곡 / 49

무상 알면 꽃길 ···················· 산하 덕진스님 작사, 박이제 작곡 / 54

님의 지혜 배운 대로 ························· 허말임 작사, 함현상 작곡 / 58

청산 보러 산에 드니 ························· 강학수 작사, 박수진 작곡 / 70

묘법연화의 노래 ················ 원재스님 작사, 이지훈, 고지영 작곡 / 76

부처가 되리라 ······························· 김보라 작사, 김보라 작곡 / 80

마음에 심은 사랑 ···························· 허말임 작사, 강주현 작곡 / 84

금정산 풍경소리 ···························· 무명스님 작사, 박이제 작곡 / 89

시방삼세(十方三世) 부처님 ························ 정영화 작사, 최선기 작곡 / 93

나 찬송하며 따르오니 ························· 곽영석 작사, 백승태 작곡 / 98

마음의 소리 ······························· 박인숙 작사, 서근영 작곡 / 104

무상의 묘음 ······························· 권기택 작사, 박수진 작곡 / 108

화엄예찬	황학현 작사, 강주현 작곡 / 112
사랑의 마음으로 자비의 두 손으로	곽영석 작사, 함현상 작곡 / 116
우리들의 부처님	권기택 작사, 최선기 작곡 / 122
자애와 연민과 기쁨과 평정심	수파니파타 중에서, 이지훈 작곡 / 126
바람되어	김보라 작사, 김보라 작곡 / 130
봉정암	강학수 작사, 박수진 작곡 / 135
도반의 길	곽영석 작사, 함현상 작곡 / 141
눈꽃	원재스님 작사, 이지훈, 고지영 작곡 / 150
반야심경 가르침	범일스님 작사, 최선기 작곡 / 156
열반의 아침	곽영석 작사, 박수진 작곡 / 161
나는 본래 누구인가	산하 덕진스님 작사, 강주현 작곡 / 166
눈 쌓인 마음	추현철 작사, 추현철 작곡 / 172
대웅전 민들레	최동호 작사, 강주현 작곡 / 178
보시 바라밀	산하 덕진스님 작사, 한수현 작곡 / 182
성취 축가	산하 덕진스님 작사, 강주현 작곡 / 186
알아차려 행복하기	산하 덕진스님 작사, 강주현 작곡 / 188
민들레 미소	추현철 작사, 추현철 작곡 / 194
영축산	강학수 작사, 박수진 작곡 / 201
육법공양(六法供養)	산하 덕진스님 작사, 강주현 작곡 / 210

불법승(佛法僧) 찬양노래

산하 덕진스님 작사
함현상 작곡

연꽃, 나를 피우다

참회합니다

대우스님 작사
박수진 작곡

부처님 미소

김보라 작사
김보라 작곡

연꽃, 나를 피우다

무상의 묘음

권기택 작사
고지영 작곡

왕자의 옷을 벗고

고규태 작사
강주현 작곡

차분하게 ♩=68

나 나나나나나 나　나나 나　나나나나 나

마하반야

반야심경 중에서
이지훈 작곡

지혜 — 를가진 그대 — 열반에—이르고자 수행 할 때
관— —자재보 살이 — 반야바라밀—다를 행— 할 때

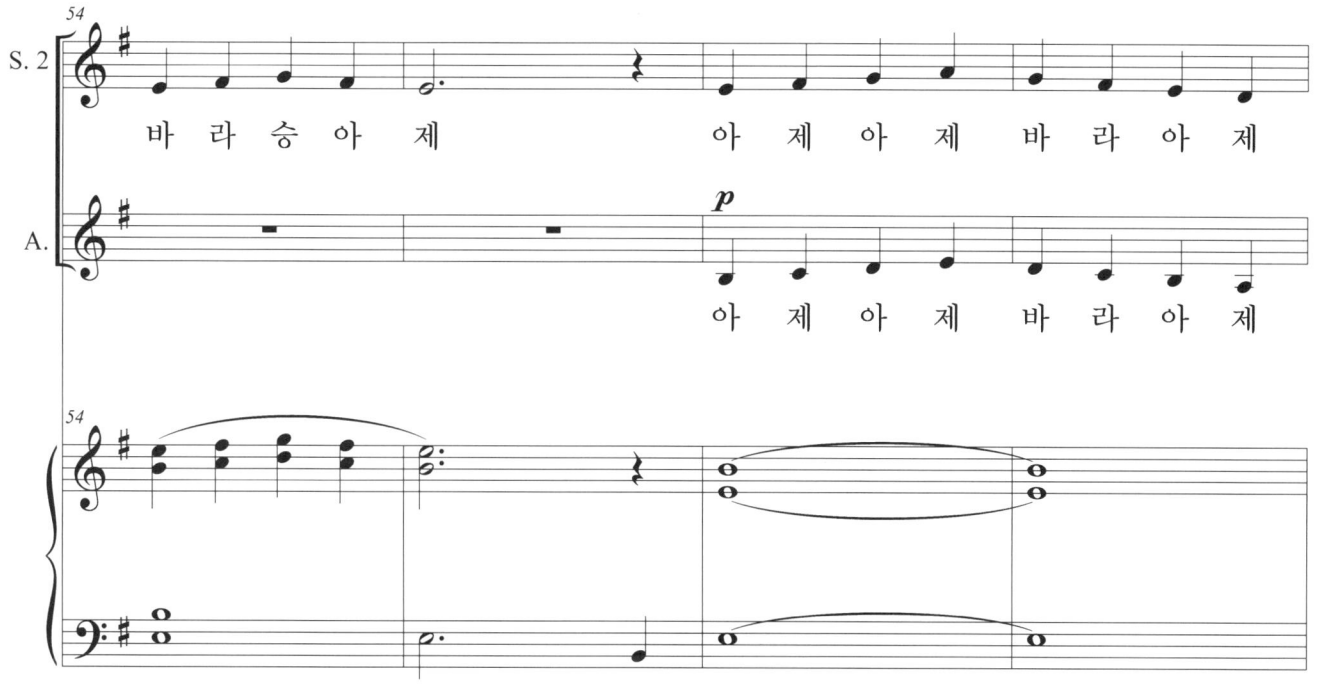

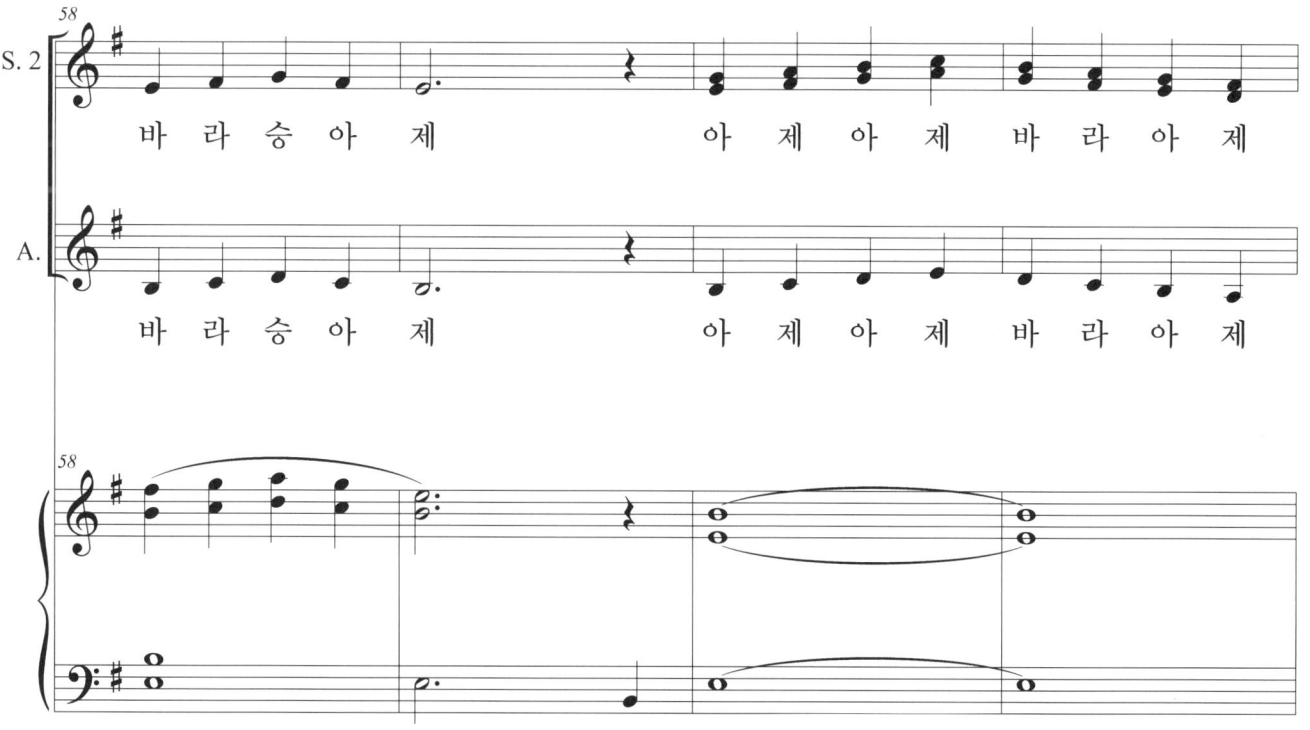

108산사 순례의 노래

관세음보살님

대우스님 작사
박수진 작곡

성불사 가는 길

곽영석 작사
강주현 작곡

연꽃, 나를 피우다

무상 알면 꽃길

산하 덕진스님 작사
박이제 작곡

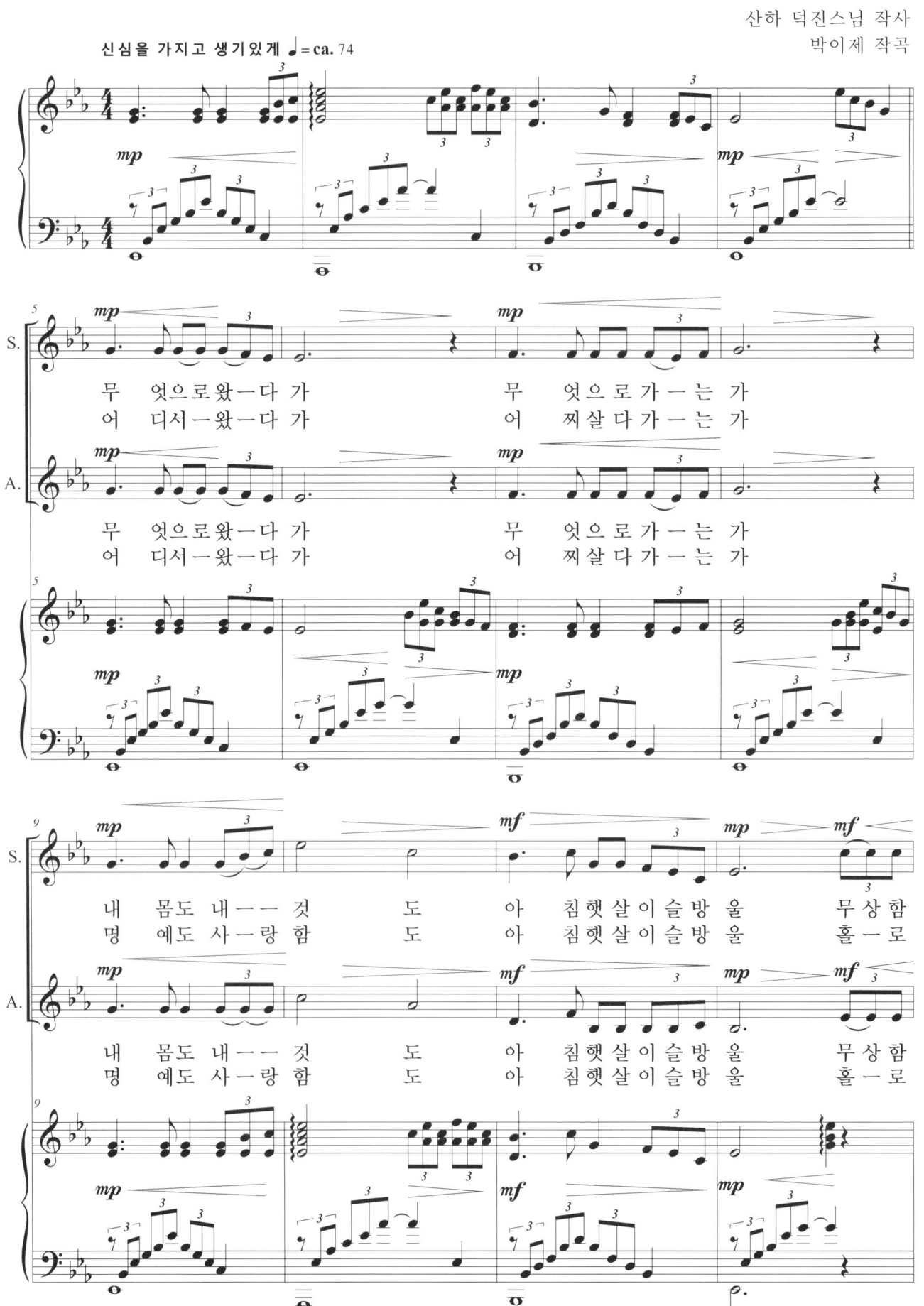

님의 지혜 배운 대로

허말임 작사
함현상 작곡

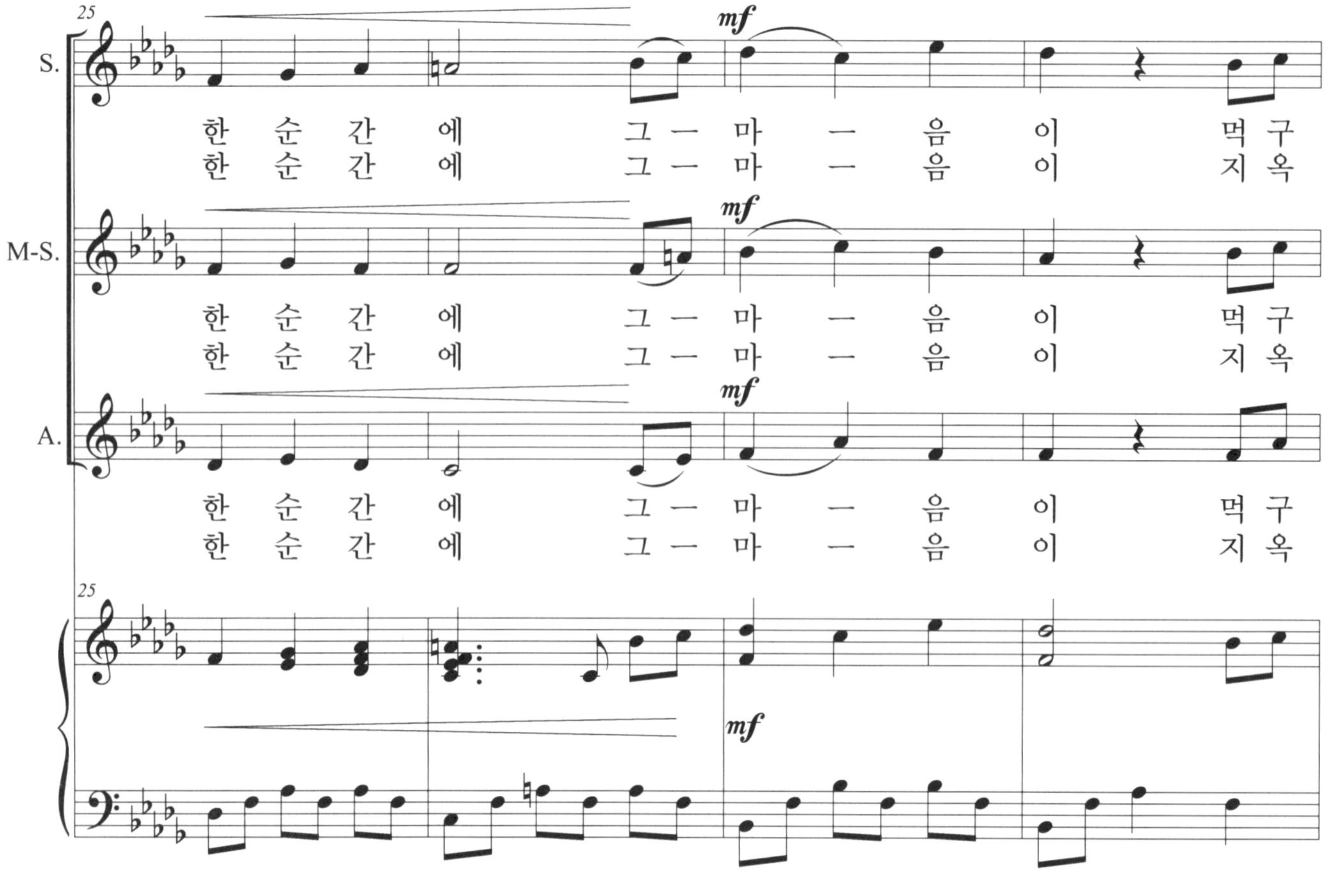
25
S.
mf
한 순 간 에 그 ㅡ 마 ㅡ 음 이 먹 구
한 순 간 에 그 ㅡ 마 ㅡ 음 이 지 옥
M-S.
mf
한 순 간 에 그 ㅡ 마 ㅡ 음 이 먹 구
한 순 간 에 그 ㅡ 마 ㅡ 음 이 지 옥
A.
mf
한 순 간 에 그 ㅡ 마 ㅡ 음 이 먹 구
한 순 간 에 그 ㅡ 마 ㅡ 음 이 지 옥
25
mf

29
S.
름 도 안 고 온 다 ㅡ
도 를 안 고 온 다 ㅡ
M-S.
름 도 안 고 온 다 ㅡ
도 를 안 고 온 다 ㅡ
A.
름 도 안 고 온 다 ㅡ
도 를 안 고 온 다 ㅡ
29

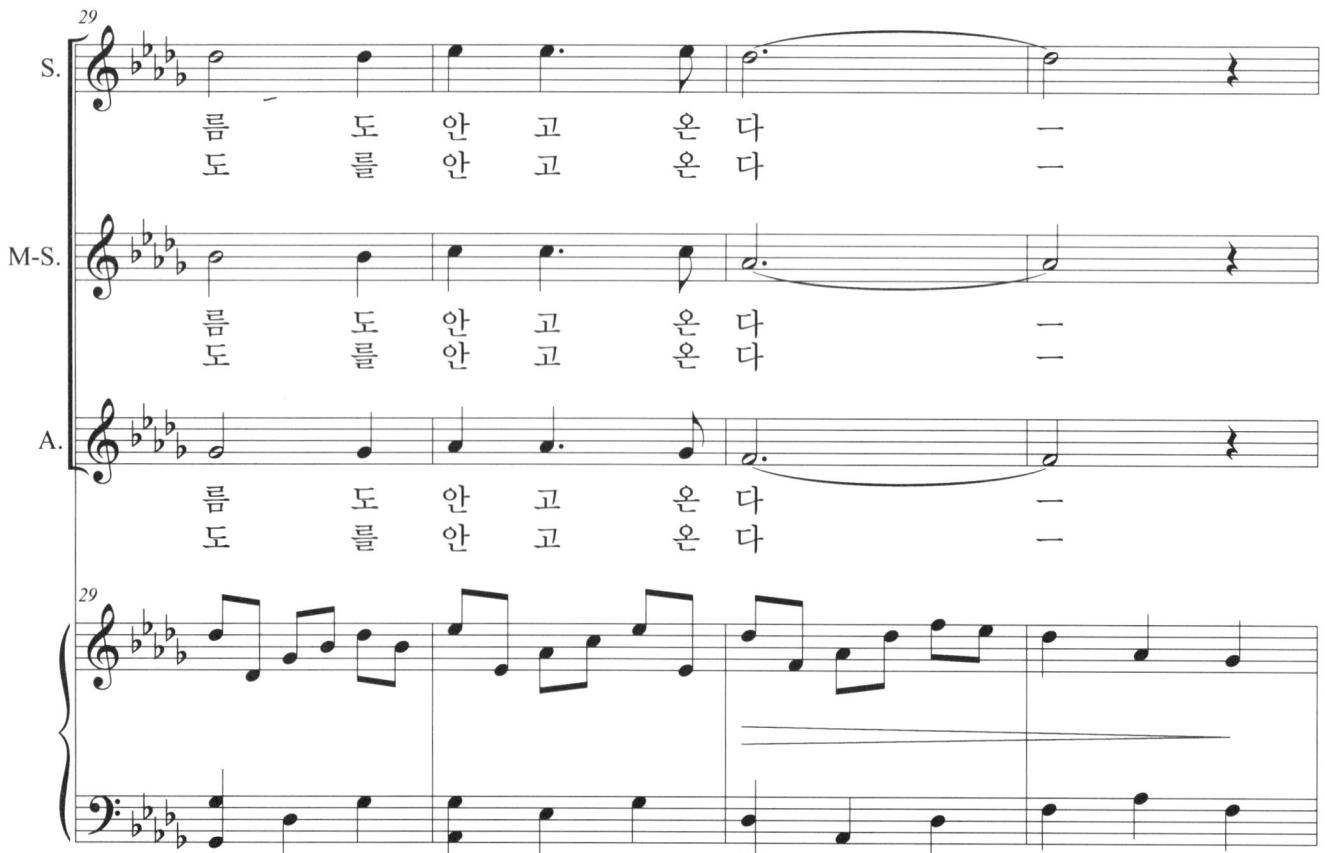

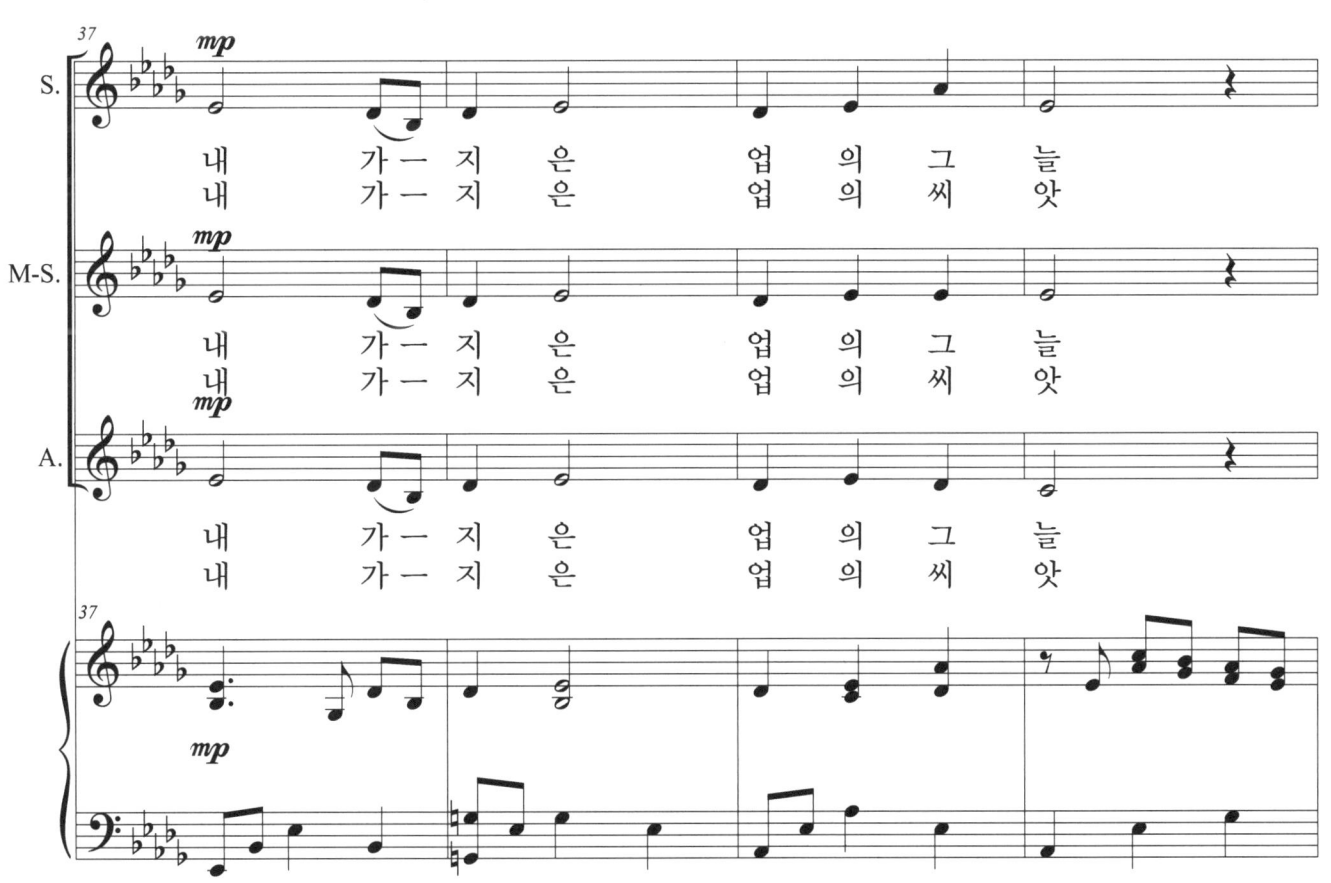

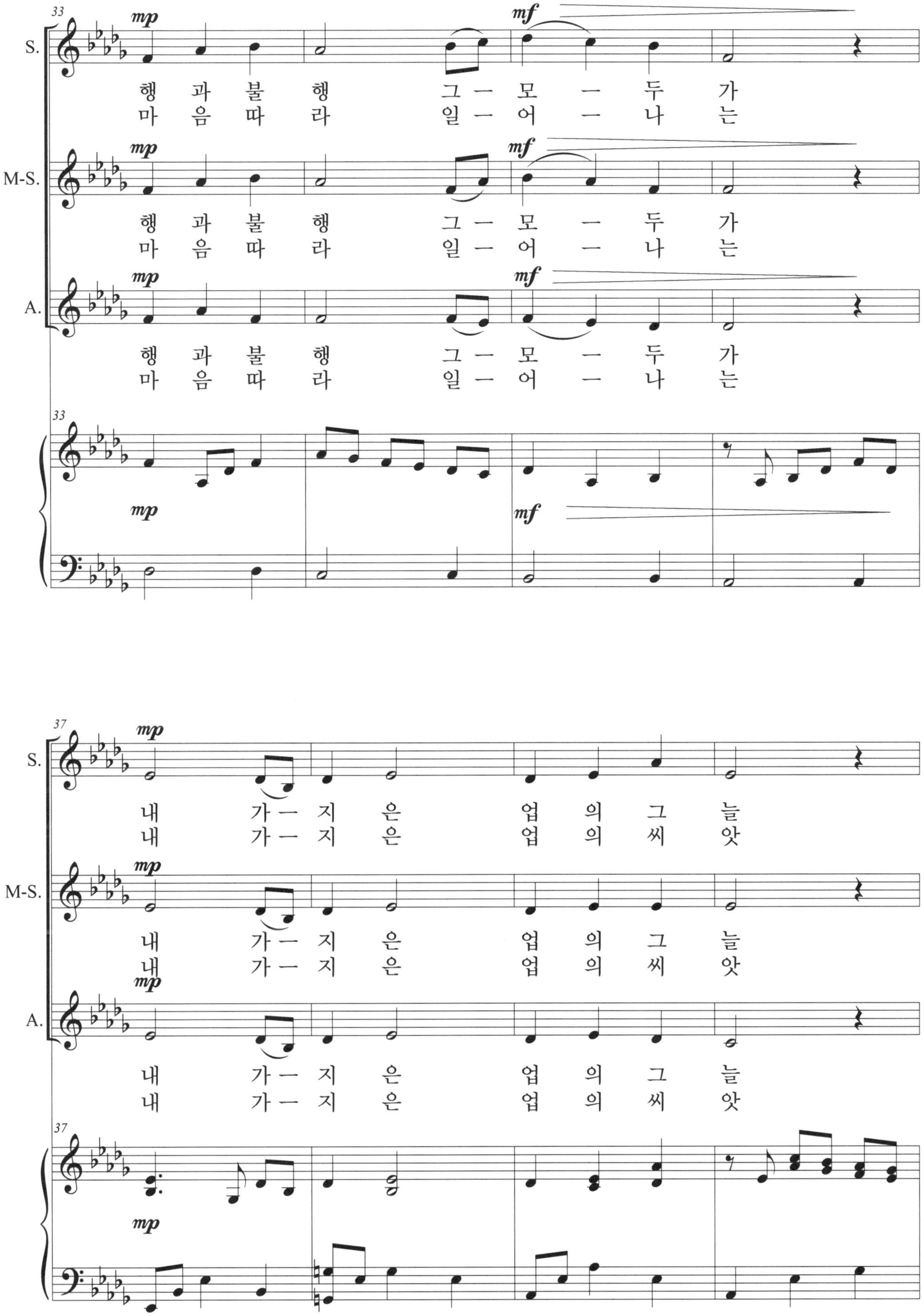
33
S.
mp
mf
행 과 불 행 그 ㅡ 모 ㅡ 두 가
마 음 따 라 일 ㅡ 어 ㅡ 나 는
M-S.
행 과 불 행 그 ㅡ 모 ㅡ 두 가
마 음 따 라 일 ㅡ 어 ㅡ 나 는
A.
행 과 불 행 그 ㅡ 모 ㅡ 두 가
마 음 따 라 일 ㅡ 어 ㅡ 나 는
37
내 가 ㅡ 지 은 업 의 그 늘
내 가 ㅡ 지 은 업 의 씨 앗
내 가 ㅡ 지 은 업 의 그 늘
내 가 ㅡ 지 은 업 의 씨 앗
내 가 ㅡ 지 은 업 의 그 늘
내 가 ㅡ 지 은 업 의 씨 앗

청산 보러 산에 드니

강학수 작사
박수진 작곡

연꽃, 나를 피우다

묘법연화의 노래

원재스님 작사
이지훈, 고지영 작곡

부처가 되리라

김보라 작사
김보라 작곡

마음에 심은 사랑

허말임 작사
강주현 작곡

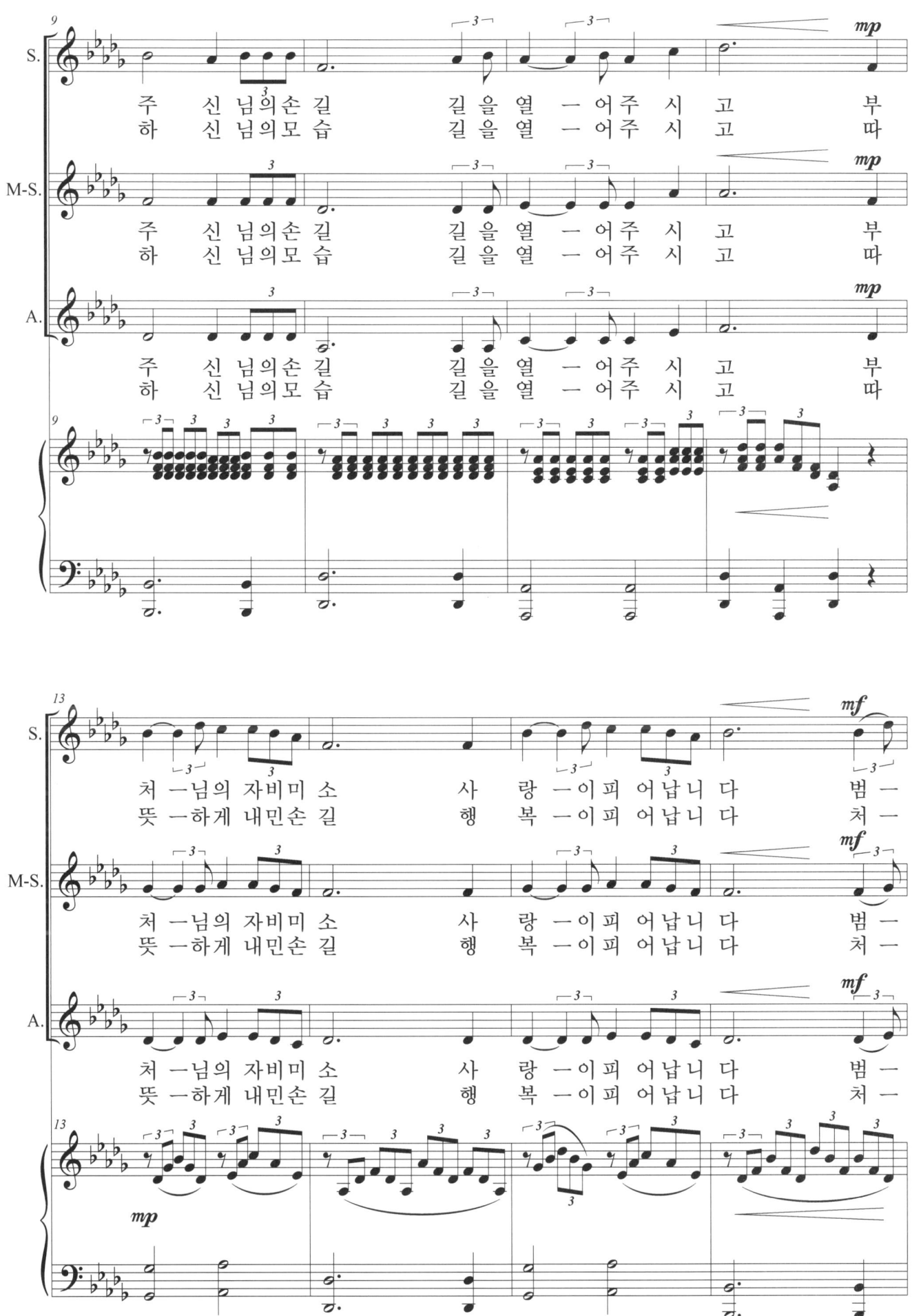

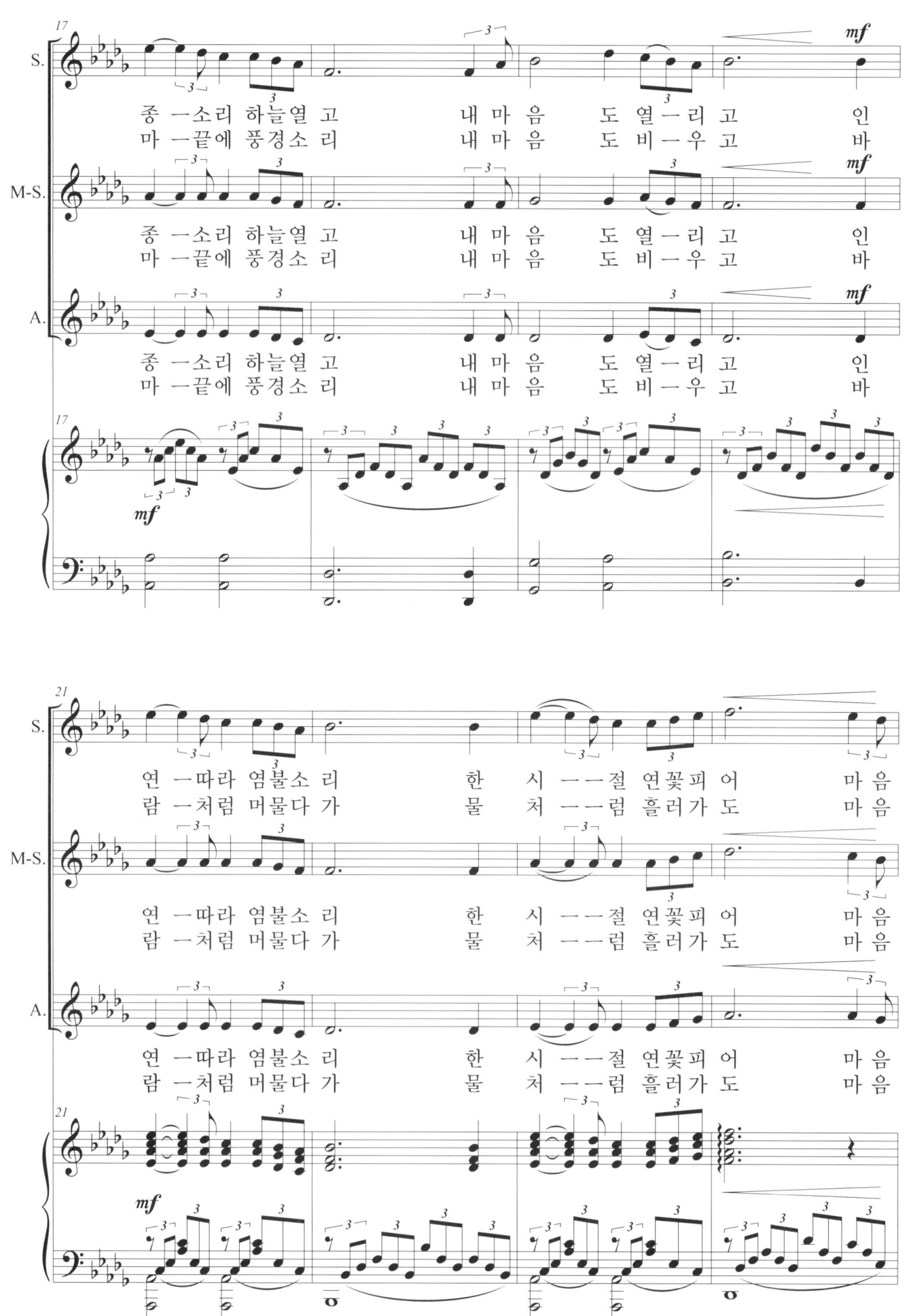

금정산 풍경소리

무명스님 작사
박이제 작곡

시방삼세(十方三世) 부처님

정영화 작사
최선기 작곡

나 찬송하며 따르오니

곽영석 작사
백승태 작곡

연꽃, 나를 피우다

연꽃, 나를 피우다

무상의 묘음

권기택 작사
박수진 작곡

화엄예찬

황학현 작사
강주현 작곡

사랑의 마음으로 자비의 두 손으로

곽영석 작사
함현상 작곡

우리들의 부처님

권기택 작사
최선기 작곡

자애와 연민과 기쁨과 평정심

수파니파타 중에서
이지훈 작곡

연꽃, 나를 피우다

바람되어

봉정암

도반의 길

곽영석 작사
함현상 작곡

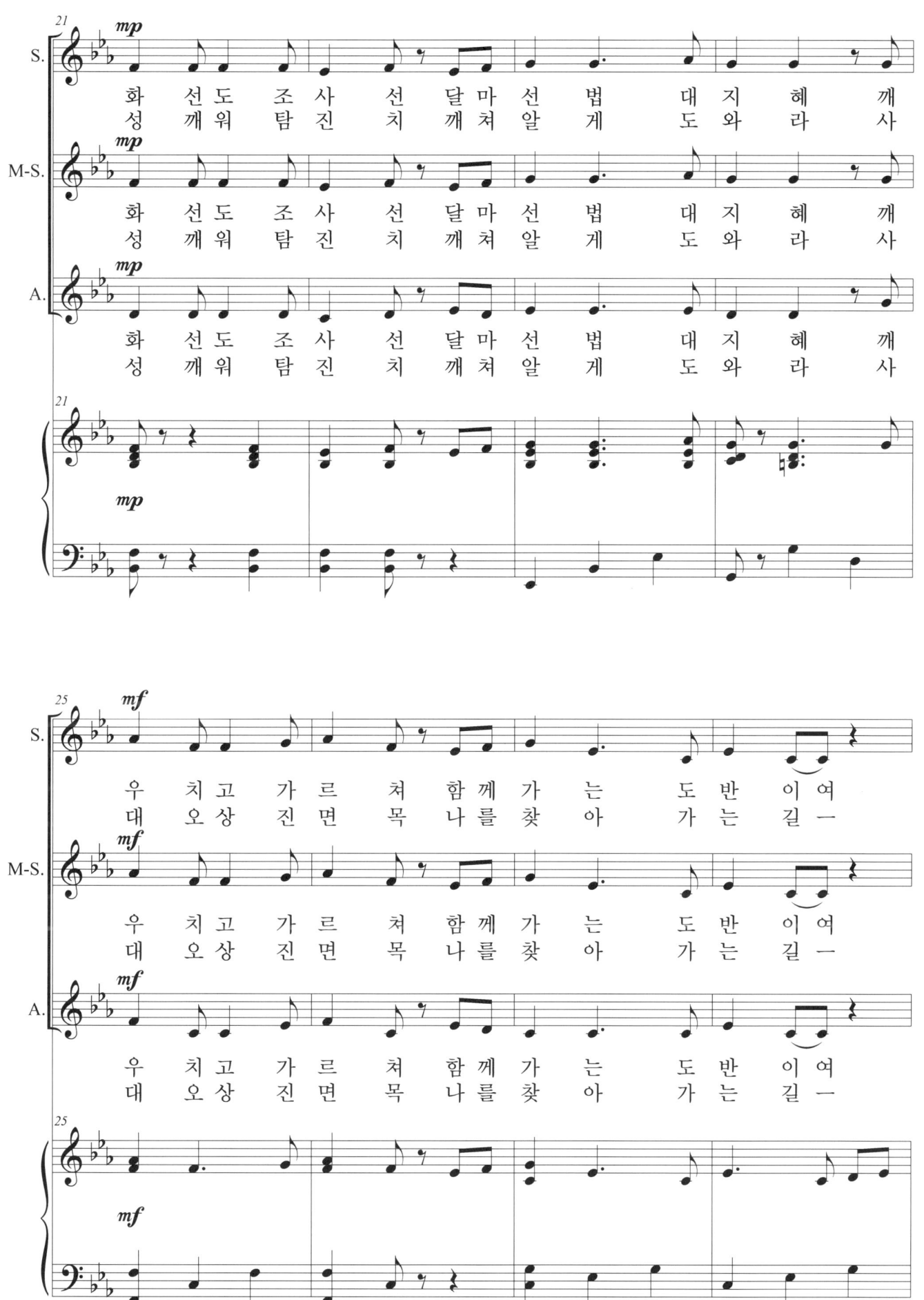

반야심경 가르침

범일스님 작사
최선기 작곡

열반의 아침

곽영석 작사
박수진 작곡

나는 본래 누구인가

(본래 근본 무엇인가)

산하 덕진스님 작사
강주현 작곡

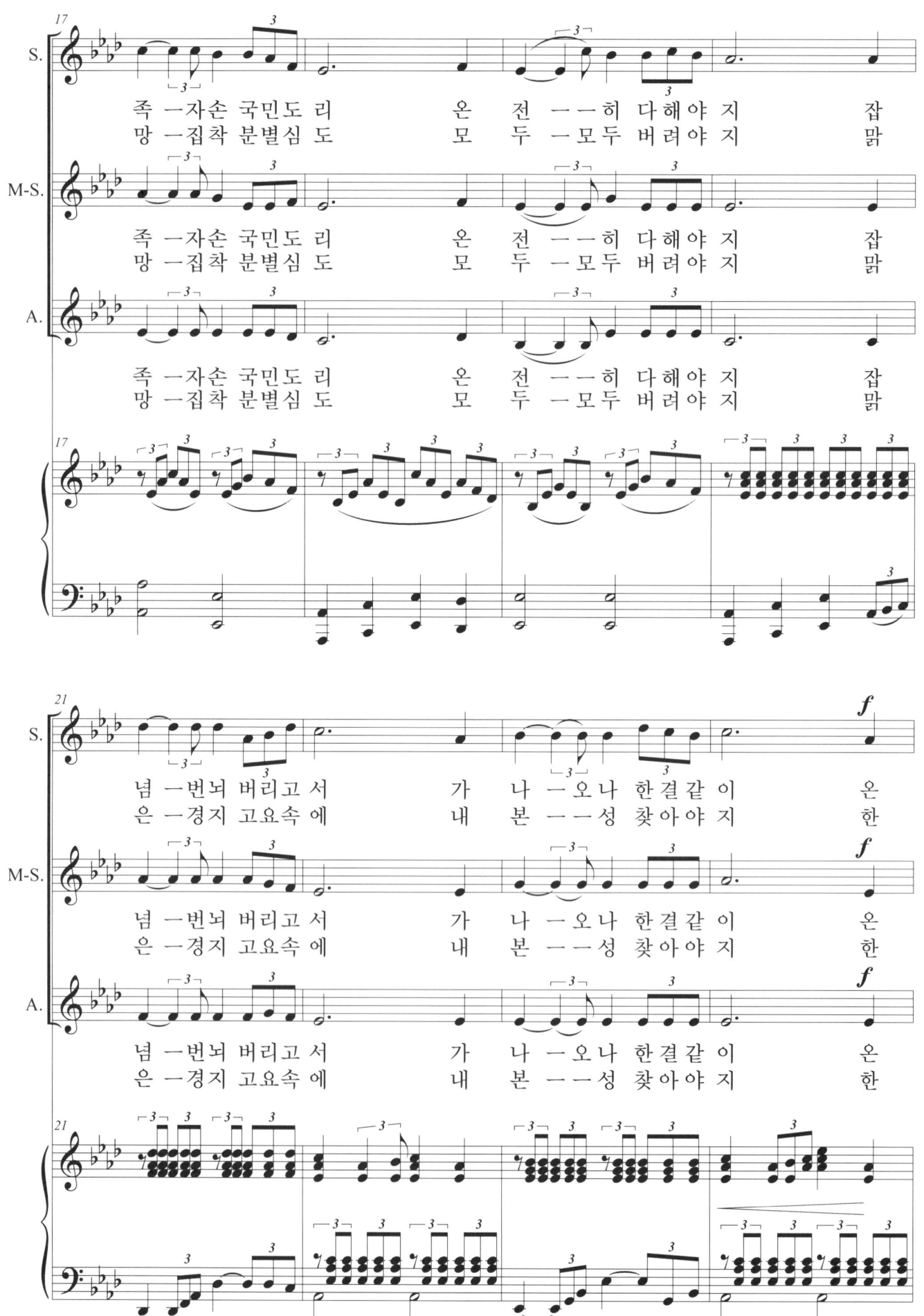

연꽃, 나를 피우다

눈 쌓인 마음

추현철 작사
추현철 작곡

172 연꽃향기 네 번째 이야기

대웅전 민들레

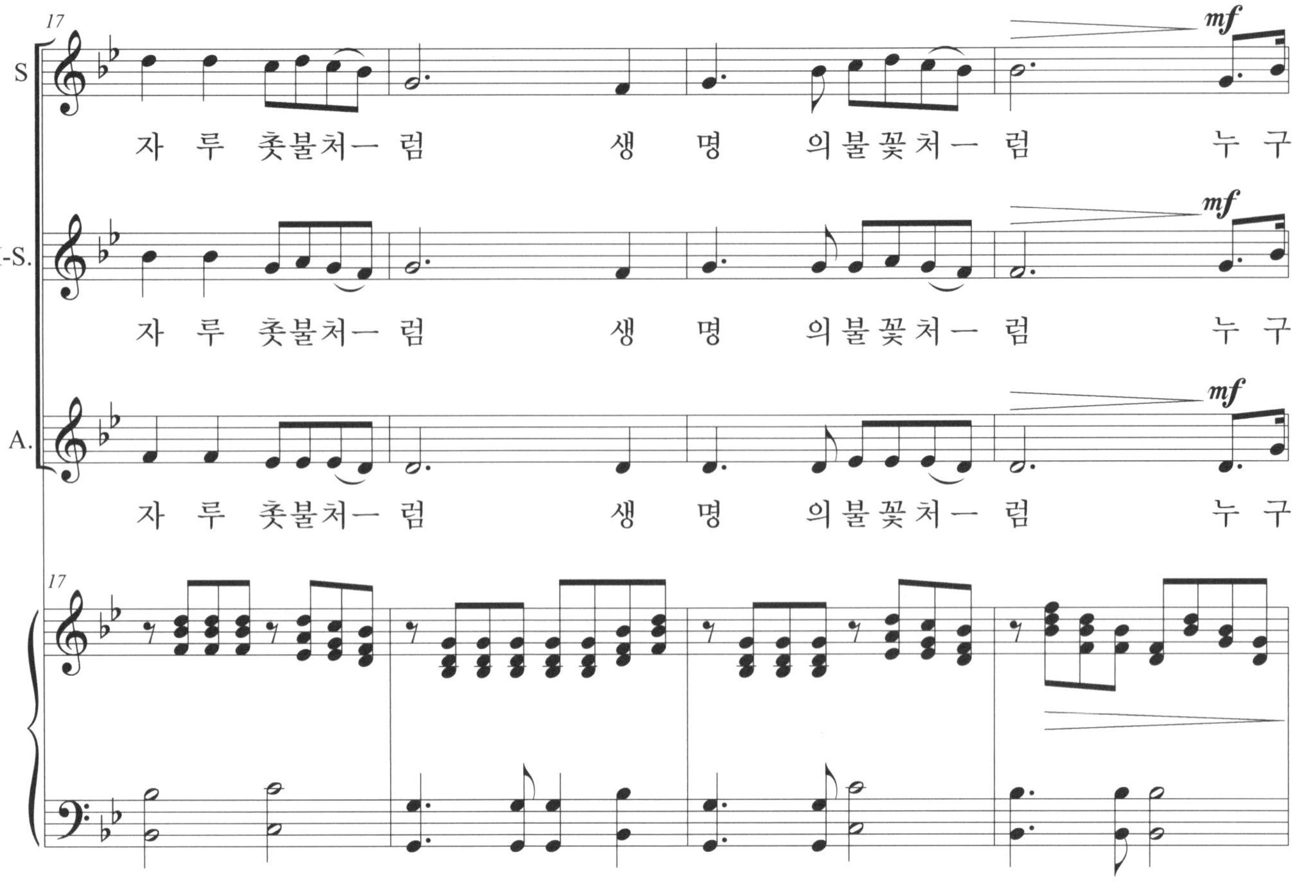
17
S
M-S.
A.
mf
자 루 촛불처一 럼 생 명 의불꽃처一 럼 누 구

21
S
M-S.
A.
f
mf
의 一향기인 가 저一한 송이 꽃 은 누 가

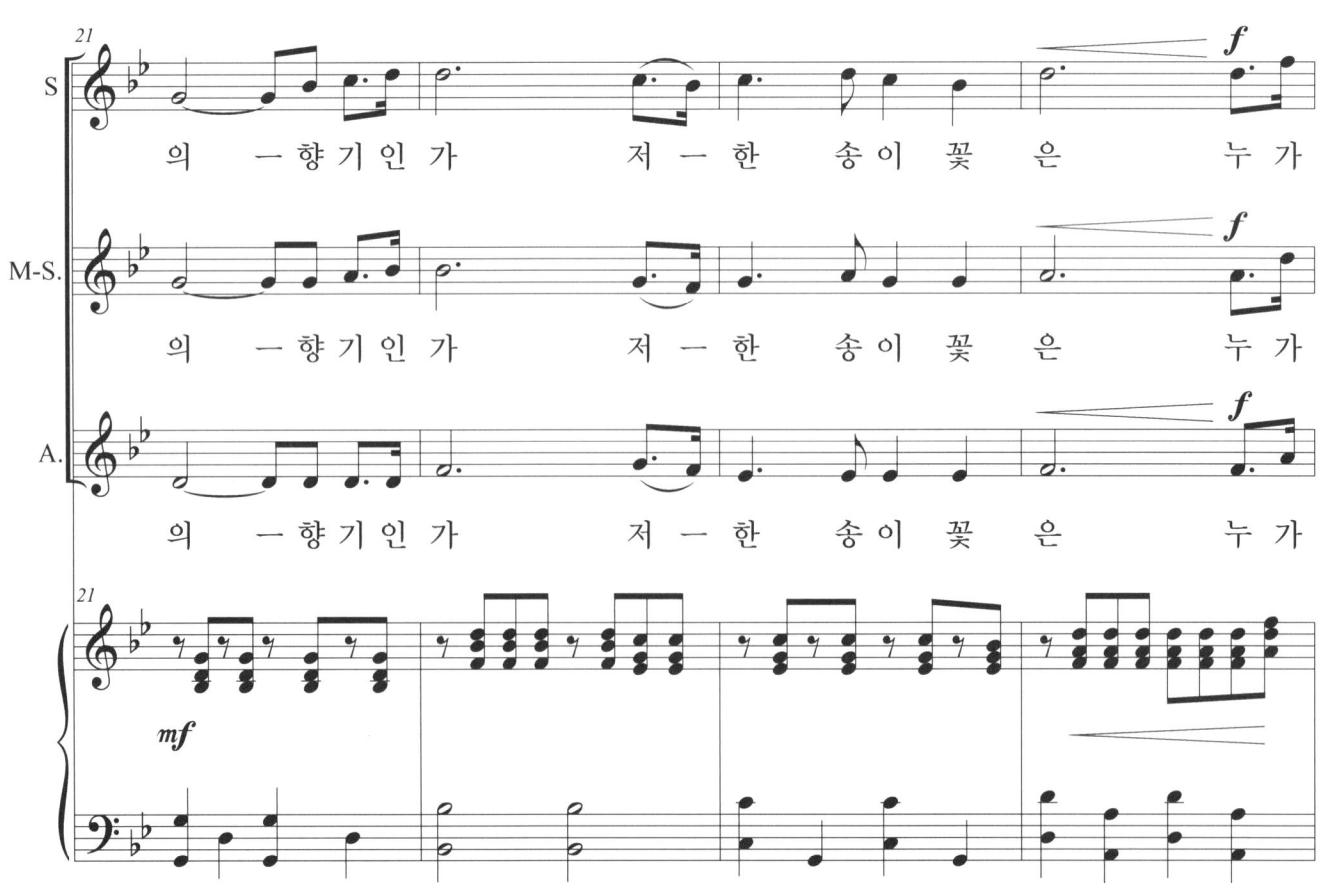

연꽃, 나를 피우다

보시 바라밀

산하 덕진스님 작사
한수현 작곡

♩=72

주고싶어 주—는 것 은   크 나큰 기쁨이죠
주고싶어 필요한 자 에   주 는돈 주는선물

주고싶어 준—–다 면   받 는것도 기쁨이죠
주는마음 신—–나 고   받 는마음 편안기쁨

성취 축가

(취업, 합격, 승진, 개업, 생일, 창립, 결혼, 성공, 당선, 입주)

산하 덕진스님 작사
강주현 작곡

알아차려 행복하기

산하 덕진스님 작사
강주현 작곡

25
S.
나 는 생각마 다 알 아 차 려다ㅡ스리ㅡ 면 언
M-S.
나 는 생각마 다 알 아 차 려다ㅡ스리ㅡ 면 언
A.
나 는 생각마 다 알 아 차 려다ㅡ스리ㅡ 면 언
25

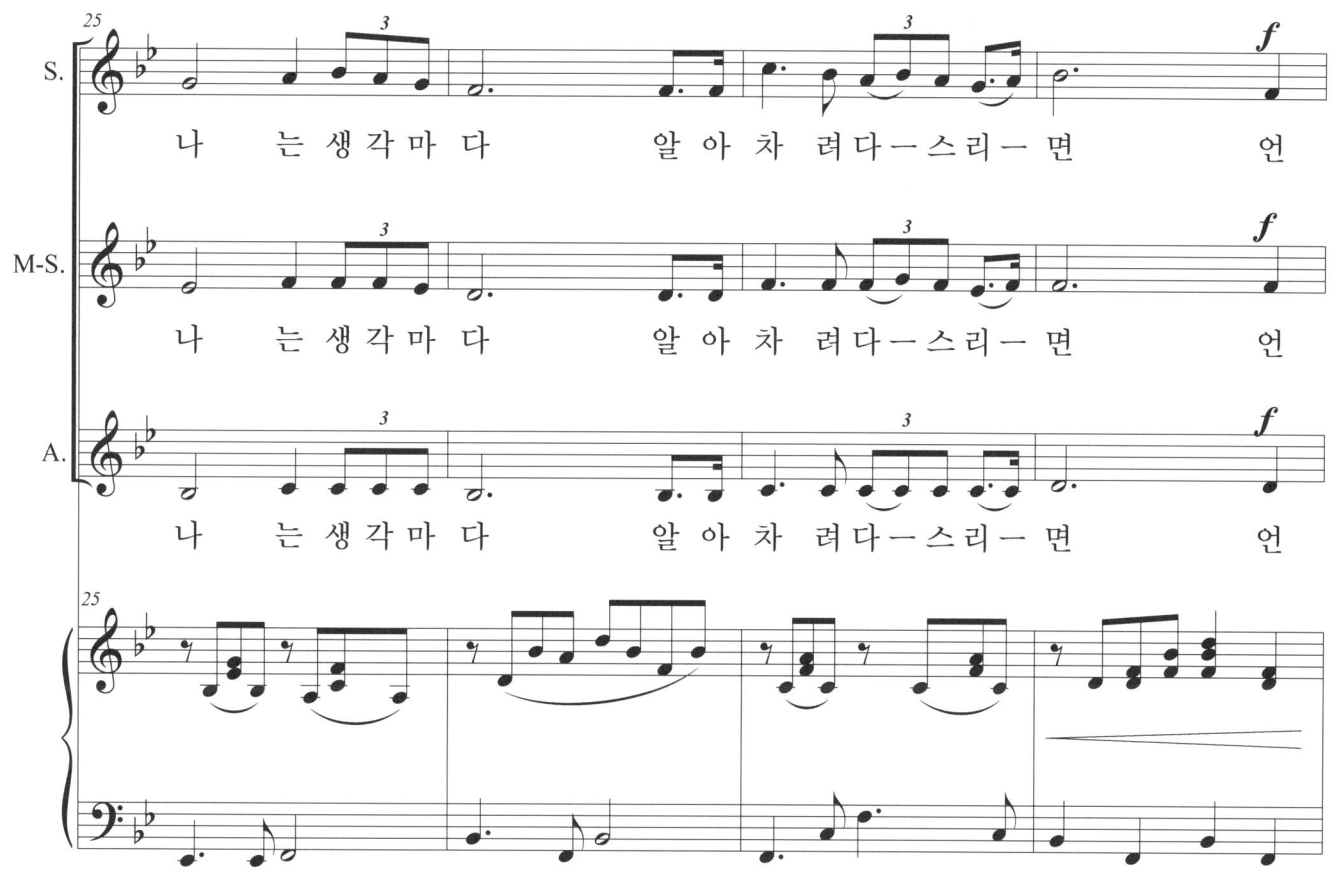

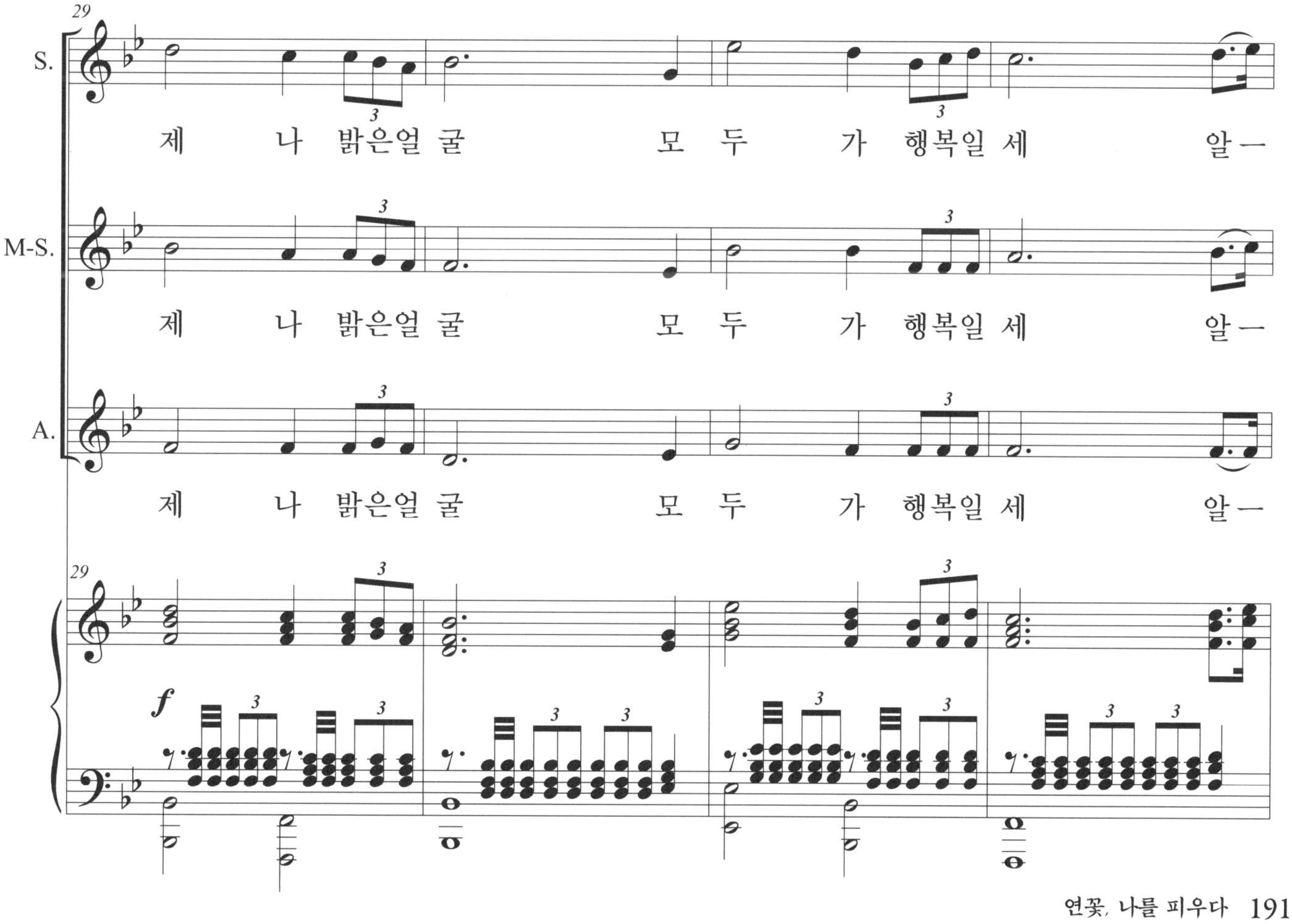
29
S.
제 나 밝은얼 굴 모 두 가 행복일 세 알ㅡ
M-S.
제 나 밝은얼 굴 모 두 가 행복일 세 알ㅡ
A.
제 나 밝은얼 굴 모 두 가 행복일 세 알ㅡ
29

민들레 미소

추현철 작사
추현철 작곡

영축산

강학수 작사
박수진 작곡

육법공양(六法供養)

산하 덕진스님 작사
강주현 작곡

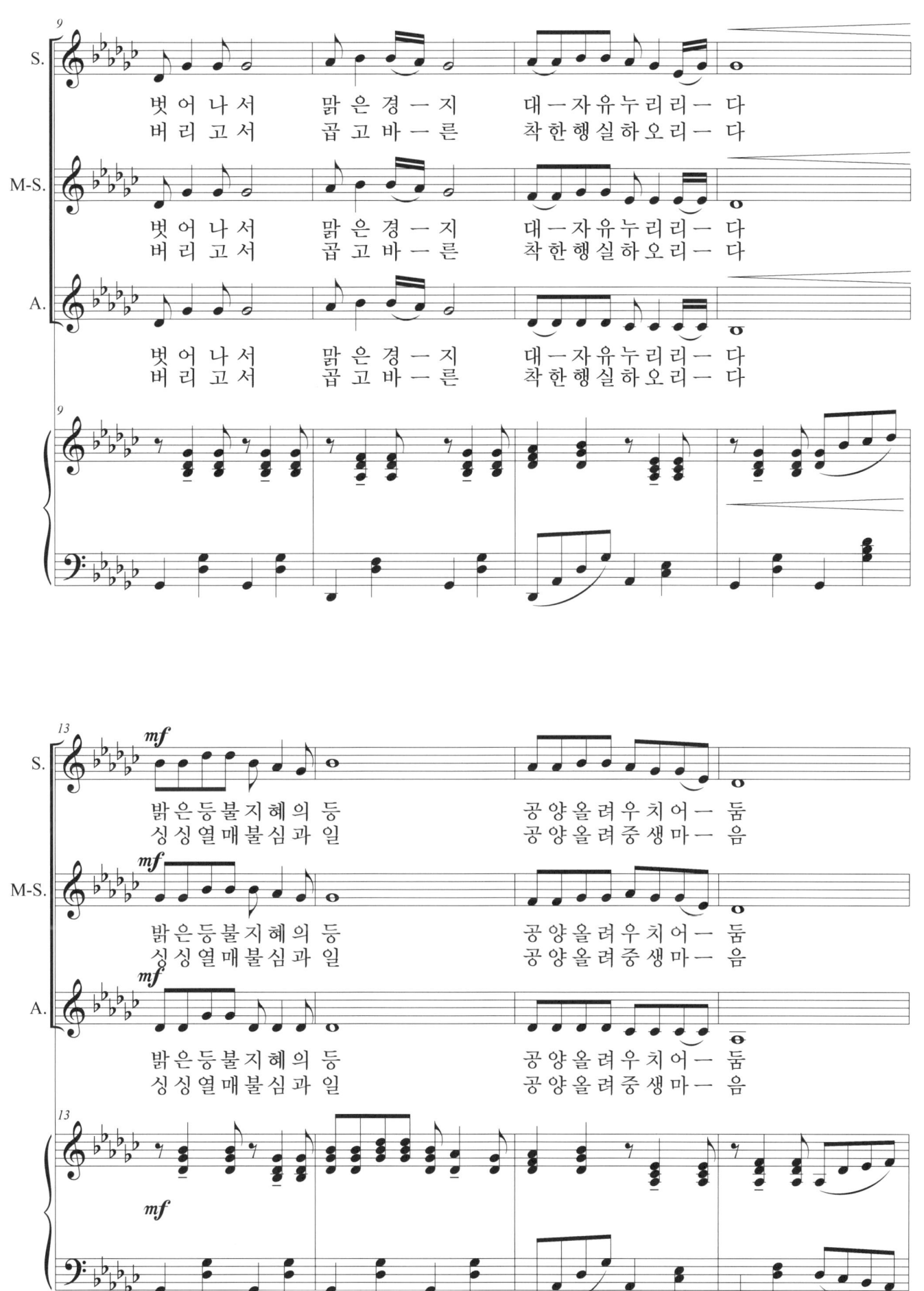

찬불가 합창곡집 - 연꽃향기 네 번째 이야기

연꽃, 나를 피우다

찍은날 / 2025년 8월 18일
펴낸날 / 2025년 8월 25일

편집한곳 / 연꽃향기 찬불가연구소
펴낸곳 / 준커뮤니케이션즈
등록일 / 2004년 1월 9일 제25100-2004-1호
주　소 / 대구광역시 중구 봉산동 217-16 삼협빌딩 3층
홈페이지 / www.jbooks.co.kr
전　화 / (053)425-1325
팩　스 / (053)425-1326

ISBN 979-11-6296-064-6

값 25,000원

※이 책의 무단 전재 또는 복제 행위는 저작권법 제97조의 5에 의거, 5년 이하의 징역 또는 5,000만원 이하의 벌금에 처하거나 이를 倂科할 수 있습니다. 이 책의 저작권은 BTN불교TV에 있습니다. 불교음악의 발전을 위하여 무단 복제 및 배포 등을 하지 마시기 부탁드립니다.